Mestrallet René

Le cercle des âmes rebelles

Préface :

Le silence d'une île

La lumière du petit matin déchire la brume ; nous accostons.
C'est une île verdoyante et lumineuse comme celle que l'on rêve les jours de pluie ou les soirs de blues.
Au centre, s'élance vers le ciel, une montagne noire dont le sommet disparait dans les nuages.

Chapitre 1 :

Hôpital de nuit

Enfin, je suis bien !

La douleur lancinante s'estompe et mon corps meurtri s'apaise.

L'interne a cessé de malmener ma poitrine pendant le massage cardiaque entrecoupé de stimulations électriques.

Ne pas dormir, se battre et gagner….

C'est le leitmotiv qui tourne en boucle dans mon esprit semi inconscient.

L'acharnement du docteur m'a semblé durer une éternité.

Il s'est battu pour me sauver ; surtout penser à le remercier.

Par instants, j'ai cru qu'il allait m'achever !

Ouf ! On a gagné !

Pour que je puisse récupérer, il a posé un drap sur mon visage ce qui a eu pour effet immédiat de tamiser les lumières du plafond.

Je respire profondément et mes souvenirs reviennent peu à peu.

Je revois mon transport aux urgences par les pompiers.

D'abord, la douleur, les coups de sabot
dans la poitrine et mon bras raide.
Puis cette lumière bleue rebondissant sur
les vitrines et tous ces feux rouges
allègrement grillés !
Et cette voix lancinante, agaçante :
« Ne dormez pas !
Restez avec nous »
 Ces mots résonnent dans ma tête.
Enfin, le brancard et la course contre le
temps dans les couloirs déserts.
Et cette odeur, mélange d'éther et de sueur
mêlée.
Porte béante, effrayante ; la salle de
réanimation avec sa batterie d'instruments
et moi, là, branché à la vie.
Pour finir, les soins prodigués
mécaniquement par l'interne de service et
maintenant, cette sensation ouatée de paix
physique et mentale.
Je suis bien, plus de douleur lancinante
dans la poitrine ni de raideur dans mon
bras.
L'instant est à la récupération.

Un seul doute s'impose à mon esprit ;
était-ce une apparition, cette infirmière aux
yeux verts qui est resté longuement près de
moi ?
Elle n'a effectué aucun soin, n'a dit aucune
parole, se contentant de me rassurer par
son sourire et la chaleur de sa main sur la
mienne.
J'ai voulu lui parler mais les mots restaient
dans ma tête.
J'ai voulu la toucher mais mes bras ne se
levaient pas.
Elle semblait m'attendre comme une
bonne amie patiente.
Son odeur est encore sur la paume de ma
main ; surtout ne pas la laver et ne rien dire
à mon épouse.
Même dans ces moments là, elle peut être
terriblement jalouse.
Bien, bien, je vais me reposer un moment.
Le bruit des portes qui claquent et les cris
des soignants s'estompent au loin, je me
sens heureux et rassuré.

Mon accident cardiaque m'a vraiment fait peur.

Contrairement à mes croyances de cinéphile, je n'ai pas vu ma vie défiler.

Pourquoi cette alerte, pourquoi moi qui suis un patient docile et respectueux depuis tant années de traitements médicaux protecteurs pour ce cœur génétiquement fragile?

Sur les conseils de mon cardiologue, je me suis mis au sport afin d'atteindre le but ultime de notre siècle : mourir en bonne santé.

Ma maman m'a donné son cœur de midinette ; trop tendre pour notre époque.

Ouf ! Fausse alerte, ce n'est pas encore pour aujourd'hui.

Tout est bien qui ne finit pas.

Par sa réaction rapide, ma femme m'a sûrement sauvé la vie.

Des cris et des bruits de pas envahissent le couloir.

L'entrée de la salle étant entrouverte, je vois sur un brancard maculé, un jeune homme de vingt ans environ.

Du drap posé sur son corps dépasse un bras ballant que le pompier s'empresse de remonter.

De longs cheveux blonds dévorent son large front.

Un filet de sang coule sous son casque fendu ; nos regards se croisent et je vois ma peur dans ses yeux.

Il me semble encore si jeune.

Nous sommes tous deux pieds et poings liés à la divine médecine.

Bats toi petit, gagne ta vie, elle vaut vraiment la peine d'être vécue.

Ne pas paniquer, surtout ne pas lâcher prise.

Fais comme moi ; révoltes toi, ne t'endors pas.

Peu à peu, les bruits de pas disparaissent et la fatigue m'envahit ; je vais décompresser et dormir un peu.

Je commence à rêver mon passé, revoir ma vie.

C'est fou comme elle a défilé devant mes yeux plus souvent spectateurs qu'acteurs.

Par moments, je me suis laissé aller à croire à mon éternité et j'ai souvent remis à plus tard.

J'ai vécu de belles choses sans me douter un instant qu'une belle journée finie est une journée de moins.

Je n'ai pas réalisé tous mes rêves mais j'ai tant aimé rêver.

J'ai souvent aimé ; surtout la sensation d'être amoureux.

Je revois mes plus belles réussites, mon épouse et mes deux enfants ; je ne veux pas penser à autre chose ; tant que je pense à eux, je suis toujours avec eux.

Tant que je suis avec eux, je suis vivant.

Tout est calme autour de moi, j'ai froid et appelle un soignant pour réclamer une couverture.

 (Le temps est aux économies, même de chauffage !!)

Aucune réponse à mes appels ; peine perdue, ils sont tous avec l'accidenté de la route, ce doit être grave pour ce malheureux.

Confirmant mes dires ; j'entends des bribes de mots :

« Monsieur, monsieur, restez avec nous, augmentez la dose mademoiselle !

Respirez, ne dormez pas, réveillez vous !

On ne peut plus rien, pas de réaction, il décroche, c'est fini.

Arrêtez les massages, ça ne sert plus à rien »

A cet instant, je comprends que cet homme meurt à l'aube de sa vie ; pourquoi ?

La vie est injuste mais qui a dit qu'elle serait juste.

Je suis là, figé dans ce temps immobile et doux.

Bon, il faut se décider.

Je me sens mieux et sans attendre aucune aide, je me lève ; ça va bien...

Mes jambes tremblent un peu mais je dois marcher…

Froid, toujours ce froid.

Vite trouver ma femme, la rassurer et rentrer chez nous au calme.

PS : lui dire que je l'aime.

Je déambule dans les couloirs à la recherche de la salle d'attente des urgences.

Le personnel, occupé à son travail, me frôle sans prêter attention.

Enfin, mon épouse est là, entourée par ma fille et mon fils ; je suis soulagé car une impression de solitude commençait à m'envahir.

Comme dit mon épouse, quel douillet, je suis.

« Douillet, douillet, je la verrais bien à ma place »

Ils sont là en pleine discussion avec l'interne qui m'a accueilli en catastrophe et qui a voulu m'électrocuter!

« Même en ce moment, j'ai toujours cet humour noir qui a le don d'agacer mon épouse et ma fille »

Le docteur, très fatigué, éponge son front avec sa charlotte trempée de sueur ; il a du se battre des heures pour me ramener.

Il parle lentement à ma femme afin de la rassurer mais elle est en colère.

Tout à mon bonheur, je m'élance vers eux.

Mon fils a la mâchoire serrée et pose son front contre la fenêtre.

Ma femme et ma fille maintenant pleurent dans les bras l'une de l'autre.

Rétrospectivement, je réalise que j'ai failli rejoindre mon créateur, un frisson glacé parcourt mon dos ; mon front perle de sueur.

La chance était encore de mon côté.

Je leur fais un petit geste de la main, peine perdue ; ils sont trop occupés à écouter les explications du corps médical.

J'ai la sensation d'être invisible.

Je m'approche un peu plus afin d'ôter ces larmes de leurs yeux et ramener des sourires.

Trop tard, ils se lèvent et tous trois blottis
les uns contre l'autre s'engouffrent dans
l'ascenseur qui mène au parking.
Quoi, ils me laissent !!
Et moi, qui me ramène ?
Je tente d'appeler le docteur, peine perdue,
il me claque la porte au nez.
Comment peut-il être aussi indifférent
alors qu'il vient de me sauver la vie.
J'arrive, je viens avec vous !
Holà, je suis ici, attendez moi !
Docteur, docteur, je suis bien maintenant,
je veux partir !
Pas de réponse.
Je regarde la rue et par la fenêtre
entr'ouverte, j'aperçois mon infirmière aux
yeux verts qui va vers l'abri- bus.
Elle se retourne et fais un petit signe de la
main que j'interprète comme un au revoir
ou à bientôt.
Enfin une personne qui me prête attention
ce soir.
Elle a fini son service et dois rentrer chez
elle ; je vais faire de même.

Sortie de l'hôpital, passage devant un gardien de nuit hypnotisé par un match de foot (ce doit être OM-PSG !)
Je lui fais signe de la tête, aucune réaction ; un vrai supporter de foot, quoi !
Il a du laisser son cerveau au frigo en prenant sa bière.
Maintenant, un petit footing jusqu'à la maison, çà va faire me faire du bien.
 (Penser à raconter ma prouesse sportive au cardiologue)
Je me sens heureux et léger ; mes pas ne résonnent pas sur le macadam.
Tiens, je suis parti pieds nus.
Il fait doux cette nuit de juillet et ma promenade forcée devient vite un plaisir ; mais quand même, ils auraient pu m'attendre !
Près du café du commerce, je croise mon voisin.

Il fait mine de ne pas me reconnaître et à voir son tangage, il doit être encore ivre et préfère regarder ses pieds désobéissants chercher leur chemin sur les pavés instables.

Un sourire s'accroche à mes lèvres.

Rire de bon cœur, comme c'est bon !

Ce n'est pas le bon moment mais je ris à gorge déployée devant cette publicité vivante du houblon et de l'anis mélangés.

Encore un exemple énervant de quelqu'un qui boit et fume sans retenue ni sanction médicale.

Je reprends ma route, voilà la maison.

 Les lumières du salon sont allumées.

Je sonne, pas de réponse ; penser à réparer l'interphone !

J'ai beau tambouriner à la porte, aucun bruit.

Seule présence, mon chien qui gémit en remuant la queue sans oser s'approcher de moi.

Il fait la gueule suite à mes cris de dimanche dernier quand à la barbe de tous, il a volé le jambon cru.

Je me souviens de lui avoir donné un coup de pied (quel rancunier cet animal)

Ne pas paniquer, s'asseoir et réfléchir calmement…

A cet instant, tout s'éclaire ; je comprends que le docteur leur a dit qu'il allait me garder en observation pour la nuit.

Ma femme a du s'endormir avec les lumières allumées.

Je ne vais pas la réveiller car la soirée a été dure pour elle aussi.

Quand à mes enfants, ils ont un sommeil de plomb.

Bon, s'ils dorment tous à poings fermés, c'est que mon cas n'est pas désespéré.

Rien d'autre à faire que de retourner gentiment dans ma chambre d'hôpital.

Seule âme vivante croisée, mon voisin avec ses chaussures à bascule.

Bravo, il a du faire au moins cent mètres.

Je le regarde à la dérobée, toujours aucun signe de vie dans son œil bovin.

Le veilleur de nuit est fasciné par son match de foot ; toujours zéro à zéro.

Pas de problème, il hurle quand même.

Les couloirs sont vides et je retrouve aisément la chambre numéro : 9.

Je pousse la porte et…

Un corps recouvert d'un drap blanc a pris mon lit.

Qui est ce ?

Ce doit être l'accidenté de la route, ils ne perdent pas de temps ni de place dans cet hôpital.

Un qui part, un qui arrive ; c'est plus rapide qu'un hôtel de passe.

Pauvre gars, il n'a pas eu ma chance.

La chambre est froide, ne pas s'approcher, ne pas voir.

Que faire, sinon demander une autre chambre mais auparavant la curiosité l'emporte.

Ne fais pas çà, chuchote une petite voix dans ma tête.

La pièce est sombre et je m'enhardis un peu.

Je sais que c'est mal mais je m'approche afin de mieux détailler l'inconnu.

Mes pieds se dérobent et je chute lourdement sur le sol.

Oh mon dieu, ce n'est pas possible, c'est moi ce corps sans vie !

Le visage est flou à cause de la pénombre mais je sens que c'est moi.

Quelle horreur, je suis mort !

C'est un cauchemar, mon dieu pitié, j'ai peur, j'ai froid.

Pourquoi maintenant ?

Je n'ai pas fini, je voulais leur dire.

Je reste là, prostré, détaché de mon corps à espérer un miracle ; rien ne se passe, que dois-je faire ?

J'ai souvent imaginé cet instant mais pour les autres ; pas pour moi.

Alors, çà finit comme çà, aussi banalement, sans même un petit rappel, sans spectateur ?

Tout çà pour çà ?

J'avais tant de choses à faire.

Je suis là, pleurant sur mon sort quand la sirène d'une ambulance m'arrache à ma torpeur.

Se relever, réfléchir, agir et se réveiller.

Ce n'est qu'un mauvais rêve, allons.

Tremblant de la tête aux pieds, je me fais violence et examine ce corps.

Il n'a pas de visage, est ce moi vraiment ?

Non ce ne peut pas être moi.

Et pourtant, ce corps encore jeune m'est familier comme un compagnon de longue date.

Pris de panique, je m'enfuis de ce mouroir et cours dans la ville espérant échapper à mon destin.

Si je fuis, la mort ne trouvera pas, si je fuis, la mort m'oubliera.

Me cacher et attendre le matin pour rire de ce cauchemar.

Le jour se lève et de l'abri bus où je me suis protégé de la pluie, j'aperçois mon épouse qui sort de chez nous et viens vers moi d'un pas pressé.

Merci mon dieu, elle semble me voir.

Ses yeux sont rougis, elle est triste.

Le temps se fige, il n'y a plus de son ni de mouvement.

Et si j'avais simplement tout rêvé ?

Je lui fais signe et cherche ses yeux.

Elle passe devant moi sans un regard et s'engouffre dans notre voiture.

Oh mon dieu, si je suis invisible à l'amour de ma vie, je suis doublement mort !

Je voudrais tant pouvoir pleurer, pas de larmes, rien…

Le visage enfoui dans les mains, je revois le film de ma vie   .

Mon enfance sucrée auprès de maman, mes sœurs et mon frère ; quatre belles personnes qui m'ont permis d'occulter de ma mémoire un père mort trop jeune et un beau père ignoble.

Puis, une adolescence bohême remplie de fantômes d'amour qui ont fait de moi l'adulte que je suis aujourd'hui.

J'ai vraiment aimé les femmes et je dois avouer qu'elles me l'ont bien rendu (je devrais dire : la femme).

Je ne me suis jamais vu aussi grand que dans les yeux de celle que j'aimais.

Chacune d'elles, belle ou non, mince ou pas m'a offert le meilleur sans calcul ni pudeur ; je ne suis que le résultat de tous ces amours, de toutes ces rencontres.

Plus qu'aimer, c'est l'idée de l'amour qui m'a permis de vivre.

Enfin, ma vie d'adulte avec ma femme, ma fille et mon fils ; sans oublier la dernière femme de ma vie : Louisa ma petite fille.

Et au début de cet automne, le bonheur d'une nouvelle petite fille.

Lizie, oui c'est son prénom Lizie !

Dieu, comme le temps a couru.

Je ne sais pas si j'ai été un bon mari et un père juste mais j'ai vraiment essayé.

Si j'ai échoué c'est peut être par paresse ou le fait de croire que j'avais tout mon temps.

Je vous demande pardon.

Ainsi donc, la boucle est bouclée, le spectacle est terminé, c'est la dernière séance.

J'en étais à la énième projection de ce film quand un parfum familier plana sous l'abri bus.

Elle est là, mon infirmière aux yeux verts me sourie, me voit, me reconnaît ?

Je lui parle, elle m'entend, elle me répond, je l'entends.

Elle s'approche un peu et murmure à mon oreille d'une voix douce et rassurante.

Elle m'explique qu'elle est « mon passeur » et qu'elle apparaît comme je l'ai toujours imaginée et n'a que le nom que je veux bien lui donner.

Il est vrai que j'ai toujours pensé que la mort était une belle femme brune aux yeux verts, c'est la seule consolation que j'ai trouvé au fait que mon frère et mon père n'en soient jamais revenus.

Elle est venue en reconnaissance tenir ma main lors de mon arrêt cardiaque à l'hôpital.

Ce premier contact était pour elle une visite de courtoisie, de présentation avant notre grand voyage.

Hormis ses grands yeux verts, elle ressemble aux statues de la vierge que l'on voit en toscane, je l'appellerai donc Marie.

Je suis apaisé, un peu rassuré et la saoule de questions.

« Que va-t-il se passer ?

Vais-je retrouver ma femme et mes enfants ?

Y –a- t il un paradis ?

Où sont mes proches défunts ?

Et l'enfer, c'est quoi ?

Et dieu, où est il ; que fait il ; comment est il ?

Puis-je assister à mon enterrement ?

Pourquoi moi et maintenant ?

Qu'ais- je- fais de si mal ?

Pourquoi aussi tôt ?

Vais-je partir longtemps ?

Pourrais-je voir maman ?

Et ….Et… »

Elle prend ma main et commence son monologue.

«Tout doux, tout doux, tu auras toutes tes réponses mais maintenant, il faut partir.

« Pour ceux qui t'aiment, tu seras toujours vivant et tu pourras les voir car bientôt, tu découvriras le passage.

Avant cela, tu dois effectuer ton voyage initiatique.

Tes proches continueront à vivre leur destin et quelques fois dans leur sommeil ils voudront te voir et ils te verront.

Vous serez reliés pour toujours par le seul lien qui noue la vie et la mort : l'amour !

Tu n'es pas mort, tu traverses le gué ; il te faudra me faire confiance.

Souviens-toi de ces impressions de déjà vu ou bien la lourdeur d'un regard sur ta nuque ; ce n'était que les signes de la présence de tes visiteurs.

Laisse donc ton enterrement de côté et viens vivre ta vie après la vie.

Tu dois maintenant apprendre à vivre ton expérience de la mort comme tu l'as toujours imaginée.

Elle n'a rien d'effrayant, tu verras.

Ne sois pas pressé, nous avons tout le temps pour parler de ton avenir car ce jour est le premier jour du reste de ta mort.

La seule chose que tu dois savoir est que rien n'est laissé au hasard et qu'il a tout prévu. »

Pour ma part, je veux à tout prix faire mes adieux à ceux que j'aime et à mon corps défendant « aux autres » ; je la supplie de me laisser assister même de loin à mes obsèques.

«Le temps comme tu l'as vécu n'existe plus et cela fait trois jours que tu es de l'autre côté du miroir, je ne devrais pas mais si tu le veux vraiment, viens.

Tu verras ton enterrement suivant tes rêves mais n'oublie pas qu'eux ne te verront pas. C'est mon cadeau d'adieu. »

Elle me demande de fermer les yeux et je me retrouve aussitôt au crématorium.

(Merci, ma femme a accompli ma demande)

Tous mes amours et amis sont là, ma femme et mes enfants en première ligne font bloc.

Louisa dépose un dessin sur mon cercueil.

Hé, ne pleurez pas, je suis ici !

Hé, regardez par là, c'est moi !

C'est papa, c'est papy !

Je m'approche et tente de les prendre dans mes bras en pensant très fort à eux ; je veux qu'ils ressentent ma présence.

Comme je l'ai toujours imaginé, il y a les vraies douleurs et les pleureuses.

Aujourd'hui, les cons ferment la marche et j'entends les pires me trouver des qualités.

Quand même, c'est beau un con déguisé en deuil !

Mon passeur me tire par le bras « alors satisfait ? »

« Ne sois pas triste, vous pourrez vous revoir, viens rejoindre ton groupe et n'oublie pas que tu n'as vu que ce que tu imagines. »

Je vous aime, je vous aime…ne m'oubliez pas, ce sont les derniers mots que je lance au vent.

Sa main serre la mienne et je ferme les yeux.

Le sol se met à tourner de plus en plus vite sous mes pieds, mon esprit se vide et subitement, je découvre une grande salle qui peut être une gare ou un aéroport.

Chapitre 2 :

La traversée

Le hall du terminal B est bondé de
voyageurs sans bagage.
Des femmes, de jeunes adultes, quelques
nouveaux nés mais il y a surtout des
personnes âgées.
Leurs pas ne résonnent pas et leurs voix
sont éteintes.
Ils baignent dans une lumière blanche et
tiède.
Tous tiennent fermement la main de « leur
passeur »
Chacun d'eux voit l'image rêvée ; douce
maman pour les nouveaux nés, conjoints
pour personnes âgées.
Les panneaux déroulants sont figés ; pas de
destination ni aucun horaire   .
Au mur, une pendule immense arrêtée sur
minuit.
Par la baie vitrée, j'entrevois une autre
salle mal éclairée et pleine d'ombres, il y a
là beaucoup de bruits et de fureur.

« Mon passeur » prend ma joue afin de détourner mes yeux de ces êtres.

« Tu ne pars pas avec eux ; ce sont les âmes grises.

Ils ne sont pas prêts car ce sont des suicidés.

Ils vont effectuer un autre périple car ils ne sont pas prévus mais ne soit pas inquiet : il ne punit jamais ! »

Puis elle délaisse ma joue et dit :

« Voilà, c'est l'heure, tu es au début de ton voyage, n'aie pas peur, je dois te laisser car ma tâche n'est jamais finie »

Peur, pas vraiment, curieux sûrement.

Près d'elle, se tient le jeune motard.

Son visage apaisé contraste avec les regards qui m'entourent.

C'est une erreur, ce n'est pas son histoire.

C'est bien, il est encore si jeune.

Elle le prend par la main pour le ramener à l'hôpital ; ce n'est pas son voyage, pas maintenant, ce n'est pas sa mort.

Elle s'éloigne en souriant, dieu qu'elle est belle.

Ceux qui répètent que la vie est belle n'ont jamais aperçu la beauté trouble de la mort, enfin de ma mort.

Que vais-je devenir sans elle, je commençais à peine à m'habituer à cet autre versant de la vie?

La sirène du Paradisio m'enlève à mes pensées et calmement, nous embarquons tous ; destination : l'autre côté.

Malgré mes inquiétudes, je suis terriblement excité par l'inconnu.

Du haut du pont supérieur, j'envoie un geste amical à ma mort, je me surprends à l'aimer un peu, bizarre non ?

Peut-on aimer la mort ?

Elle me répond d'un sourire et s'en va avec le motard miraculé.

Ce dernier agite sa main dans ma direction ; adieu ou au revoir ?

Là bas, au loin, vers le crépuscule, dans un ciel rougeoyant, je vois disparaître l'inferno avec son chargement d'âmes grises ; je frissonne.

Pauvres êtres.

Longtemps encore, nous entendrons leurs cris dans le lointain.

Nous sommes restés toute la nuit accrochés à ce bastingage pour voir s'éloigner le rivage ; notre passé.

Moi, qui ai beaucoup navigué, je pense à toutes mes traversées.

J'ai plus souvent côtoyé les barmaids que les bibliothèques et comme je suis un joueur invétéré, les croupiers des casinos me connaissent mieux que le curé du bord. Mais c'est fini, les jeux sont faits, rien ne va plus.

J'aurais bien voulu encore une avance de la banque pour jouer un banco. Plus de jetons, dommage.

Le casino ferme !

<u>Chapitre : 3</u>

Le silence d'une île

La lumière du petit matin déchire la brume ; nous accostons.

C'est une île verdoyante et lumineuse comme celle que l'on rêve les jours de pluie ou les soirs de blues.

Au centre, s'élance vers le ciel, une montagne noire dont le sommet disparaît dans les nuages.

Les animaux, définitivement dispensés de leur destin alimentaire, vivent sereinement.

Il y a toute la faune et la flore familière de la vie terrestre.

Un groupe de personnes vêtues de blanc et qui se présentent comme « les initiateurs » nous accueillent.

Aucune peur, ni crainte, bien au contraire ; l'autre côté de la vie est merveilleux et doux comme le sein d'une mère.

Notre groupe est installé au camp numéro 1.

Dès la tombée de la nuit, nous sommes tous réunis au centre du camp.

Tant de questions assaillent mon esprit :

Que vais-je devenir ?

Quel est ce lieu étrange ?

Pourrais-je revenir près des miens après l'initiation ?

Chose troublante, personne ne parle mais un brouhaha indescriptible envahit le lieu.

Un homme, qui doit être le chef, approche tout sourire.

Face au torrent de questions, il pose ses deux mains sur les tempes et je l'entends, pourtant ses lèvres sont closes :

« Ici, pas de parole, tout est pensée, ne soyez ni effrayés, ni pressés. Toutes les réponses sont déjà en vous ; je ne suis ici que pour vous guider.

Votre période d'initiation vous mènera vers la vérité.

Vous allez réapprendre l'amour, le goût des autres, l'altruisme et le don de soi.

Chaque période d'initiation vous mènera au niveau supérieur afin de vous élever au niveau 7 : la lumière suprême.
Vous n'aurez ni faim, ni soif, ni sommeil mais vous garderez ces souvenirs.
Ici, pas de douleur, plus de peur, vous êtes arrivés chez vous.
Bien que n'étant que des esprits, vous continuerez de ressentir vos anciens corps.
Ces véhicules d'occasion vous permettrons de réaliser votre expérience de l'au-delà »
La nuit se poursuit par la méditation et au petit matin, chacun rejoint ses quartiers.
Mon premier jour est consacré à la recherche de mes proches et amis disparus.
Comme des âmes errantes, nous sommes des centaines à crier des noms, à chercher des visages et à s'introduire sans retenue dans les bungalows déjà occupés.
Sensible à notre peine, le chef du camp nous réunis afin de nous apaiser.
« Tous vos défunts ont maintenant accédé au niveau deux ; on ne se retrouve pas de l'autre côté de la vie.

C'est pour cela qu'il faut dire notre amour
ou notre colère avant le long voyage »
Ces paroles, loin de m'apaiser, aiguisent
ma rage ; mais que faire de plus.
Passant près de la rivière, les rires des
enfants jouant dans l'eau me rappellent les
premiers étés avec ma fille et mon fils.
Je sens leur présence près de moi.
Le goût du corps de mon épouse aiguise
mes souvenirs sensuels.
Le souvenir du petit café du matin suivi de
ma première cigarette provoque un brin de
nostalgie dans mon cœur.
Les jours passent ; notre temps est partagé
entre l'écoute des initiateurs, la méditation
et quelques travaux collectifs.
Seuls moments de détente, les repas où
l'on croit manger, les nuits où l'on croit
dormir.
Chose inouïe, je ne ressens plus le besoin
sexuel de posséder une femme mais
simplement l'émotion apaisée de partager
de l'amour.

Ici, plus de possession, seulement du partage.

Tout ceci nous permet de ne pas être trop dépaysés.

J'ai même droit à des cigarettes que je crois fumer !

Très vite, les affinités forment les groupes et notre trio s'impose.

Il y a Luis, le toréador repenti qui pleure à la vue d'une simple vache et qui regrette amèrement son ancienne vie depuis l'expérience :

(Sur ses demandes insistantes, les initiateurs lui ont permis de vivre une après midi dans la peau du taureau un jour de corrida.

La peur, la douleur et surtout l'incompréhension devant tant de olés joyeux autour d'un crime lui ont définitivement ouvert les yeux sur ce combat perdu d'avance et il a compris que l'animal n'est pas toujours celui que l'on croit)

Notre première rencontre ne fut pas facile mais je découvris rapidement sous la gomina et l'arrogance hispano machiste, un cœur gros comme çà !

Louria est la troisième personne de ce trio. Prostituée au grand cœur qui a trop donné mais peu reçu sauf les coups d'un amant soi disant protecteur.

Les derniers ont été fatals mais elle lui trouve des excuses.

L'amour est aveugle mais comment peut elle aimer ce salaud ?

L'amitié s'imposa tout naturellement entre moi, éternel amoureux et elle pure merveille de métissage d'orient sensuel et de vieille Europe toute en retenue.

Devant ses grands yeux noirs comment résister, sinon pour le souvenir de l'amour de ma femme.

Nous espérons tous trois reprendre notre vie à l'instant où elle s'est arrêtée dès que nous découvrirons la vérité, d'où notre impatience, notre curiosité et notre sérénité.

Les soirs de mélancolie quand les coeurs font mal, nous en arrivons à regretter nos peines et nos douleurs, la vie quoi.
Nous regrettons nos états d'hommes nous qui n'avons plus que des états d'âmes.
Plusieurs semaines passent, l'ennui et le désespoir taraudent nos coeurs.

<u>Chapitre 4 :</u>

Le temps des doutes

Un soir plus mélancolique que les autres, nous embarquons sur la barque abandonnée près du camp.

Sans faire de bruit, nous poussons délicatement notre esquif et sautons à l'intérieur.

Nous nous laissons porter une centaine de mètres par les courants puis nous pagayons ferme et très vite, nous arrivons près de l'autre côté.

Impossible de s'approcher car nous sommes refoulés par des déferlantes qui nous repoussent inexorablement vers le large.

Tout mon corps fait mal ; nous continuons à lutter contre les rouleaux.

A chaque tentative, au plus haut de la vague, nous apercevons au loin les lumières de la grande ville.

Mais le ressac nous renvoie toujours du mauvais côté.

Chacun de nos essais est un échec encore plus pénible et désespérant.

A chaque fois, nous entendons des bribes de conversation, des restes de musique et des rires de femmes.

Et la mienne, que fait-elle, rie-t-elle sans moi ?

Et mes enfants, parlent ils encore de moi ?

Et tous mes amis, me pleurent ils ou bien suis-je déjà un lointain souvenir ?

Nous avons tenté des heures durant de trouver « le passage » mais en vain.

Peu à peu, la lassitude nous gagne ; nous décidons de retourner sur l'île.

Nous sommes trempés de sueur et de sel ; les yeux me piquent et je sens des larmes couler sur mes lèvres, enfin, j'imagine ces pleurs.

Notre retour est pénible, silencieux.

Chacun de nous est perdu dans ses pensées.

Nous ramons mais le cœur et les bras n'y sont plus.

Mal au cœur, au corps…

Le retour traîne en longueur quand soudain un navire énorme coupe notre route ; c'est l'inferno et sa cargaison d'âmes grises en attente de rédemption.

Ils ralentissent et nous lancent l'échelle de corde.

Nous montons à leur bord, l'heure est à la fête, sexe, beuveries et drogues en tout genre.

Des couples improbables forniquent sur le pont à la vue de tous.

Il n'y a plus d'hommes et de femmes seulement des corps imbriqués.

Ils sont ivres de bière et de sexe.

Je laisse Luis et Louria et m'aventure dans les coursives.

« Alors, beau gosse, tu viens me voir ? »
Une femme brune aux seins lourds m'attrape par le bras.

Elle pose ma main sur son sexe humide en riant d'un rire diabolique ; sa bouche fardée d'un rouge vif glisse sur mon torse vers une impossible promesse.

Son sexe salé me tourne la tête comme une première cigarette.

Des souvenirs torrides reviennent un instant à mon esprit mais l'excitation retombe très vite.

Son odeur, mélange de sueur et effluves intimes agresse mes narines.

Elle tente de m'attirer sur son lit mais ces désirs ont disparus de mon corps.

L'initiation doit commencer à porter ses fruits.

Sans brutalité, je la repousse.

En remontant sur le pont principal, j'aperçois Louria qui repousse un macho pressant.

D'un regard, je comprends qu'elle s'en sort très bien toute seule.

Luis, pour sa part s'est isolé et ses yeux se perdent au loin sur la mer.

Aucun de nous trois n'a envie de sexe de drogues ni même d'alcool.

Un petit groupe s'est placé entre nous et notre embarcation.

A cet instant, je comprends que les âmes grises ont un plan.

Ils nous invitent à leur luxure et je vois très bien leur piège ; nous entraîner dans le vice afin de prendre nos places dans la longue file d'attente de l'initiation.

Le désespoir les pousse à tous les stratagèmes ; j'ai de la peine pour ces pauvres êtres.

Celui qui doit être leur chef, tente par tous les moyens de nous entraîner vers la décadence, offrant femmes, alcool.

Voyant notre défiance, il nous surveille du coin de l'œil afin de nous interdire l'accès à notre barque.

Fort heureusement, le temps joue en notre faveur et l'alcool fait son effet sur ces pauvres âmes ; il suffit de se tenir prêts.

Je passe le mot à mes compagnons d'évasion et dès que ce joli monde sombre dans le coma éthylique, nous nous enfuyons.

Nous pagayons, encore et encore.

A notre retour, deux initiateurs nous attendent sur la plage avec la mine réjouie de ceux qui viennent de jouer un bon tour.

Nous quittons l'embarcation têtes baissées ; vexés comme des enfants pris la main dans le pot de confiture.

Leurs visages moqueurs ne calment en rien notre gêne, bien au contraire.

Puis leurs sourires deviennent des rires qui se joignent aux notres et tous ces rires mélangés déchirent l'aube.

« La barque est là pour vous tester, votre tentative d'évasion était prévue car nous savons votre impatience et vos questions. Soyez rassurés, sous huit jours, vous atteindrez le niveau 2 ; ce qui vous permettra de lever un coin du voile.

Allez vous reposer car la nuit a du être longue »

Dés le lendemain, pleins d'enthousiasme,
nous retournons à notre initiation quand au
détour d'un bungalow, j'entends :
« Hé, vous me reconnaissez ? »
Je me retourne et aperçois un jeune homme
tout sourire ; son visage ne m'est pas
inconnu.
« C'est moi, le motard de l'hôpital !
Vous, vous souvenez, on s'est vu ce
fameux soir !
Au fait, je m'appelle Luc, et vous ? »
Ah, voilà, je me souviens, c'est le jeune
adulte qui est passé dans le couloir le soir
de ma mort.
« Moi, c'est René »réponds dis-je.
Pourtant, le passeur l'avait ramené dans le
monde des vivants après son coma ?
Pressentant ma question, il répond :
« Cette fois-ci, j'ai eu moins de chance, le
camion était vraiment trop gros ; même
pour moi »
Et, il se met à rire de bon cœur.
A mon tour, je ris ; comme c'est bon!

Il me presse de questions, heureux de
reconnaître un visage :
« Que va-t-on devenir ?
Et combien de temps va-t-on rester sur
cette île ?
Que faites vous de vos journées ?
Est-ce que vous l'avez rencontré, lui? »
D'un doigt sur mes lèvres, je l'invite à se
calmer et à poser toutes ces questions aux
initiateurs.
Il saura assez tôt que le temps n'existe plus
en ce lieu.
Nous sommes devenus inséparables et
c'est à partir de ce moment que le cercle
des âmes rebelles fut crée.
Le temps déroule langoureusement et au fil
des jours, je me sens attiré par Louria.
La nuit dernière, son corps et son visage
ont pris la place de mon épouse.
Je ne suis plus qu'une âme mais mon corps
se fait présent la nuit ; les souvenirs sont
tenaces, douloureux.

Lors de nos balades, je me surprends à lui tenir la main sous prétexte de l'aider à gravir les obstacles.

On peut aussi caresser du cœur, non ?

Ce contact que l'on dit charnel aiguise mes souvenirs.

Hier soir, je l'ai surprise à me regarder avec tendresse et gourmandise ; elle semble partager ce sentiment naissant.

Ce soir la, une ombre furtive se glisse dans mes draps, je sens l'odeur de sa peau.

Louria, se colle à moi, nous fermons les yeux pour ressentir nos caresses.

Son sexe mouillée ondule et mes doigts fouillent son ventre ; bien que n'étant que des âmes, nos souvenirs terrestres nous offrent le plaisir charnel.

Au petit matin, nous retombons, repus et apaisés.

Les nuits suivantes, nous l'avons refait, encore et encore sans honte ni tabou comme deux affamés.

Mais revenons à la suite de notre voyage au-delà.

Chose promise ; six jours plus tard, nous sommes invités à prendre quelques effets et à faire nos adieux aux initiateurs du niveau 1.

La main levée en guise d'adieu vers nos premiers compagnons de voyage, nous entamons notre périple.

J'espère bien les revoir.

Adieu mes bonnes âmes.

Après une longue marche, nous arrivons au camp numéro 2 situé sur le flanc de la montagne.

Le ciel est teinté d'un ocre étrange comme les soirs d'été en Provence ; pourtant, c'est le petit matin.

Plus d'animaux, peu de bruits, l'endroit me parait encore plus éloigné de la vie terrestre.

Les cases sont vides.

Quelles sont ces âmes pures ?

Il y a des âmes de niveau supérieur qui ne veulent pas accéder au niveau 7, ce sont des anges.

Ils sont là pour accompagner les nouveaux arrivants.

Ils sont reconnaissables à leur regard plein de douceur, translucide et pénétrant.

Nous croisons aussi des âmes en transit vers le camp supérieur ; l'endroit est étrange.

Inquiets, Luis et Luc cherchent mon regard tandis que Louria écrase ma main.

Un sentiment, mélange de curiosité et d'appréhension accompagne cette première nuit.

Dès le lendemain, nous rencontrons nos anges accompagnateurs et les harcelons de questions sur lui :

« Pourquoi laisse-t-il faire tout cela ?

Pourquoi n'intervient il pas ?

Est-il totalement indifférent au destin de sa création ?

Que veut-il de nous ?

Qu'a t'il prévu pour l'humanité ?

Nous a-t-il abandonné à l'obscurité ?

Est il las de ses jouets ou bien est il trop attristé par notre inconsistance ? »

Notre nouveau guide pose son doigt sur sa bouche pour calmer le tumulte des questions et nous fait entrer dans une salle partagée en plusieurs rangées de ce qui ressemble à des tables de travaux pratiques.

Il place chacun de nous devant un établi.

« Voilà, toutes les réponses à vos questions sont là, chacun d'entre vous va pouvoir comprendre la complexité de l'humain »

Je m'approche de la table qui m'est destinée et relève le panneau recouvrant ce qui semble être une maison de poupée.

Le souvenir de ce jouet dans la chambre de ma fille me rappelle ma vie perdue et le souvenir de larmes encercle mes paupières.

Petite confidence, il m'est arrivé, quand elle était à l'école, de chercher dans ce monde miniature à qui elle pouvait parler pendant des heures.

Chapitre 5 :

Les petits dieux !

Il y a une famille d'humains, un couple et deux enfants.

Je les vois mais sont ils vraiment ici ou sur terre ?

« Voilà, essayez donc de jouer à dieu avec ces personnages complexes et têtus.

Est-ce lui qui vous pousse à choisir le côté obscur, la facilité, est-ce lui qui vous pousse vers l'adultère, est-ce lui qui appuie sur la gâchette de vos armes, est-ce lui qui viole et pille ?

Donc, première leçon du jour, le libre arbitre.

Pour vos débuts, essayez vos talents avec une famille bien de chez vous.

Ceci vous permettra de ne pas être trop dépaysé.

Bon courage les petits dieux »

Puis l'initiateur tourne les talons et s'éloigne parfaitement agacé par ces humains pleurnichards et prétentieux.

Persuadé de réussir, je m'approche de ma famille d'adoption ; ils ne me voient pas mais je dois influer sur leurs destinées.

Il y a Marc le mari, Aline l'épouse ainsi que Mélanie et Benoît les deux enfants.

Ils ne sont ni bons ni mauvais, seulement humains.

Je dois réussir ma mission et leur donner le goût des autres.

Plusieurs jours durant, j'ai tenté de les pousser vers le bien et le beau ; peine perdue.

Le mari, obsédé par sa carrière ne désire que la femme des autres et trouve dans ses aventures l'impression d'exister.

Hier soir, comme tous les mardis, il a prétexté une énième réunion de travail pour rejoindre sa maîtresse.

Son épouse a souri, habituée, lassée.

Ses enfants ne le voient même plus s'absenter.

Pouvant influer sur les choses, je lui ai fait oublier son téléphone portable et pour enfoncer le clou, j'ai mis l'interphone de son amante en dérangement.

Peine perdue, il a couru vers le bar tabac du coin pour téléphoner afin de lui demander de descendre ouvrir.

Ce n'est pas l'interphone mais sa libido que j'aurais du mettre en dérangement.

Pas de problème, je recommencerais mardi prochain.

J'ai vainement tenté tous les mardis suivants de lui mettre des battons dans les roues : échec et encore échec !!

L'appel du sexe sera-t-il toujours plus fort que celui du cœur ?

De guerre lasse, je change de cible.

Qu'à cela ne tienne, la femme doit être plus aisée à ramener vers les belles choses.

Les femmes ne sont elles pas l'avenir de l'homme ?

Donc, allons vers la femme.

Son épouse, elle, hésite entre télé et boutiques tout en ayant un amant pour l'hygiène et parce qu'ils l'on conseillé dans « Elle »

Je lui ai donc fais rencontrer les restos du cœur pour qu'elle découvre le don de soi et l'amour de l'autre.

Elle va approcher la misère et donner un peu de son temps pour les repas et l'écoute des autres.

Second échec, elle n'a su que leur faire un chèque et s'en est retournée vers le shopping, la télé et l'amant de confort.

Je suis déboussolé ; désemparé et surtout vexé de mon impuissance.

Ne voulant pas baisser les bras, j'ai ouvert ses yeux à la peinture afin d'occuper son esprit et son corps à l'amour de l'art et non à l'amour charnel ; peine perdue.

Quelle tristesse, je me prenais pour qui ?

Quand aux enfants ; la jeune fille se gave de télé réalité et de coca tout en rêvant à une carrière télévisuelle rémunératrice.

Ses désirs de future femme se résument à des caresses imaginaires avec le dernier éphèbe à la mode.

Tant pis, grattons la carapace, il y a peut être une belle âme sous le verni.

Réveillée par mes conseils silencieux, elle s'est rapprochée d'une association d'aide aux enfants démunis en Asie.

Après une formation en région parisienne, elle s'est envolée pour le Cambodge.

A peine arrivée, elle s'est donnée à corps perdu à ces enfants en manque de riz et d'amour.

Jamais fatiguée, elle parcourait inlassablement les villages et les camps pour apporter son aide.

Elle semblait transcendée par le don de soi.

Comme j'étais fier et heureux.

Malheureusement çà n'a pas duré longtemps et comme chaque fois, le naturel est revenu très vite au galop.

Elle s'est entichée d'un animateur blondinet et s'est aussitôt occupé de la seule chose importante à ses yeux : elle-même.

Elle a continué de donner mais seulement du plaisir.

Son voyage humanitaire s'est vite transformé en vacances touristiques.

Moi qui pensais que la jeunesse était notre avenir, je n'ai jamais pu la faire vibrer pour les autres.

Bon, il ne me reste que le petit frère.

Sans aucun enthousiasme, je joue ma dernière carte.

Son jeune frère passe ses nuits humides à fantasmer sur des femmes aux formes généreuses et soumises à ses moindres désirs, tout en gardant le joint bien vissé au coin de la bouche.

Tout y passe dans ses rêves : les amies de sa mère et toutes ses profs.

Avec lui, je ne veux rien tenter, je ne veux pas essayer ; je suis dégoûté.

Circulez, il n'y a plus rien à voir.

Ils n'ont même plus de doutes sur la vie et salissent tout ce qu'ils touchent !

Où sont les envies de justice et de révolution de l'adolescence ; ils sont creux.

Rien à découvrir, ils sont déjà si vieux et blasés, presque morts.

Dieu a crée l'homme mais l'homme n'a rien fait de ce divin cadeau.

Malgré ma colère, je me suis attaché à Benoît, peut être pour sa jeunesse ou simplement à cause de ma prétention qui m'interdit un échec complet.

J'ai donc pris l'apparence d'un nouveau copain et très vite j'ai réussi à lui faire découvrir de nouveaux rêves sans femme ou bien des femmes de lettres asexuées.

Nous avons réveillé son amour pour la musique et un réel talent pour la poésie.

Très vite, il a dévoré Rimbaud, Verlaine tout en écoutant Ravel.

Bien sur, dans la poésie, il adorait « les fleurs du mal ».

Quand à Ravel, c'était surtout le boléro mais on ne se refait pas en un mois.

Tout semblait pour le mieux quand surgit Anna.

Anna était une amie de sa mère et cet été là, elle l'amena avec son mari au bord de la mer.

Ce que je pressentais finit par arriver.

Loin de Rimbaud, Verlaine et Ravel, lors d'une chaude après midi, elle s'offrit à lui.

Son sexe mou, ses seins généreux ainsi que ses reins accueillants mirent définitivement fin à mon ascendant sur le jeune adolescent fougueux.

Mon plan s'écroulait ; en quelques minutes, elle détruisait tout mon labeur.

Je ne pouvais pas lutter.

L'initiateur m'avait pourtant donné un cas d'école basique, aisé, simplement humain.

En définitive, des gens simples comme dans la vie.

Même celui là je ne peux le résoudre ; pardon mon dieu.

Moi qui me croyais petit dieu, je comprends l'impossibilité de changer la nature humaine.

Je baisse les bras et n'ayant plus rien à découvrir en ce lieu, je persuade mes compagnons de s'enfuir vers le dernier niveau, vers la vérité.

Après quelques hésitations et à cause de leurs propres échecs, ils décident de m'accompagner.

Le soir venu, sans bruit, nous partons et après un long périple sur un chemin caillouteux qui brûle nos pieds, nous arrivons au niveau 7, le haut de la montagne ; personne !

Il n'est pas la ; aucune vérité ni lumière divine.

L'endroit est désert, il n'y a que nos rêves.

Le paradis serait il une auberge espagnole ?

Je regarde mes compagnons, ils sont inquiets et perdus.

Seule issue, une entrée qui doit être l'ouverture d'un abri ou d'une grotte.

J'avance prudemment, l'air est chaud et humide

Chapitre : 6

Le passage

Soudain, le sol se dérobe sous mes pieds et je glisse ; cette descente est interminable.

Tout en tombant, je cherche du regard mes compagnons ; mes amis ont disparus, je suis seul face à l'inconnu.

Je glisse encore et encore, vite, de plus en plus vite, rien ne peut m'arrêter.

Enfin, j'atterris dans ce que je pense être un lac.

L'eau emplit mes poumons, j'ai beau me débattre, j'étouffe.

Arriver jusqu'ici pour se noyer, quelle ironie !

Peu à peu, je m'habitue et malgré cette eau légèrement salée, je parviens à respirer.

Une seconde plus tard, une lumière aveuglante m'attire vers une issue.

Je m'approche et soudain on me pousse, on me tire.

Là dehors, ils sont tous excités.

Je force le passage étroit dans un combat pour ma survie.

La lumière agressive m'oblige à fermer les yeux ; j'ai mal à la tête et j'ai froid.

Que va-t-il m'arriver encore ?

Subitement un énergumène me frappe sur les fesses, la peur envahit tout mon être, qui va m'aider ?

« Au secours, maman. Maman… »

J'en suis encore à appeler maman comme dans mon enfance lors de mes nuits de cauchemars quand une voix douce m'encourage à ouvrir les yeux.

Une femme au visage immense et très doux me serre trop fort en répétant mon prénom « René, René mon petit, n'ai pas peur, ne pleure plus, je suis là ».

Il me semble reconnaître ce visage et cette voix.

Je lui parle mais elle ne me réponds pas et sourit à mes grimaces.

« C'est moi, ta maman, ne pleure plus »

Ma maman ! Ma maman, c'est impossible, maman a les cheveux blancs dans mes dernières images.

Ou suis-je, qui suis-je ?

On me lave, j'ai froid et qu'est donc ce cordon ?

Aie !! Ils le coupent, hé, çà fait mal !

Les adultes me regardent avec curiosité, je ne comprends pas leur langage : gouzi, gouzi, areu, areu.

Peu après, on me pousse vers une salle nommée « nurserie »

Il y a déjà trois autres berceaux.

Du coin de l'œil, je lis les prénoms :

Louria ; Luis et Luc.

Que font-ils ici eux aussi ?

Où sommes-nous ?

Des larmes coulent sur mes joues, je suis vivant ?

J'ai faim et je dois hurler car une femme s'approche avec un biberon ; un biberon !

Mais j'ai déjà cinquante ans ; je veux que çà s'arrête, aidez-moi.

Je connais cette femme qui me tend mon premier repas.

Cette femme, ce n'est pas possible, c'est elle mon infirmière aux yeux verts, mon passeur !

Aidez-moi, vite, ou suis-je ?

Elle m'entend et sourit.

Afin de couper court à mes questions, elle pose son doigt sur mes lèvres.

Mon esprit s'obscurcit, mes muscles se détendent et mes souvenirs s'effilochent. De ce doigt apaisant, il ne me reste aujourd'hui qu'une large fossette allant de ma lèvre supérieure au centre du menton. Combien de temps a duré mon voyage, un mois, un an ou bien seulement un jour, le premier jour du reste de ma mort.

<u>Epilogue</u>

En fin de compte, il n'y a que l'amour.

L'amour donne la vie et la mort n'est
qu'une salle d'attente.

Mes pleurs tarissent, je n'ai plus mal, je ne
suis qu'un bébé.

Enfin, je suis bien.

Dédicace

Du même auteur

-L'amour des mots

-Et si le temps m'était conté

-L'enfant qui rêvait de voyages

-Manuel de survie dans le mariage

-C'était en Provence

Livre à paraitre

Elle s'appelait Michèle

(Secrets de famille et disparitions sous l'occupation allemande)

Infos sur l'auteur

Salons, dédicaces et rencontres sur mon blog Amazon auteur.

Sur face book.

Sur la page des écrivains de Provence.

Dates des futures rencontres.

Printed in Poland
by Amazon Fulfillment
Poland Sp. z o.o., Wrocław